AF225356

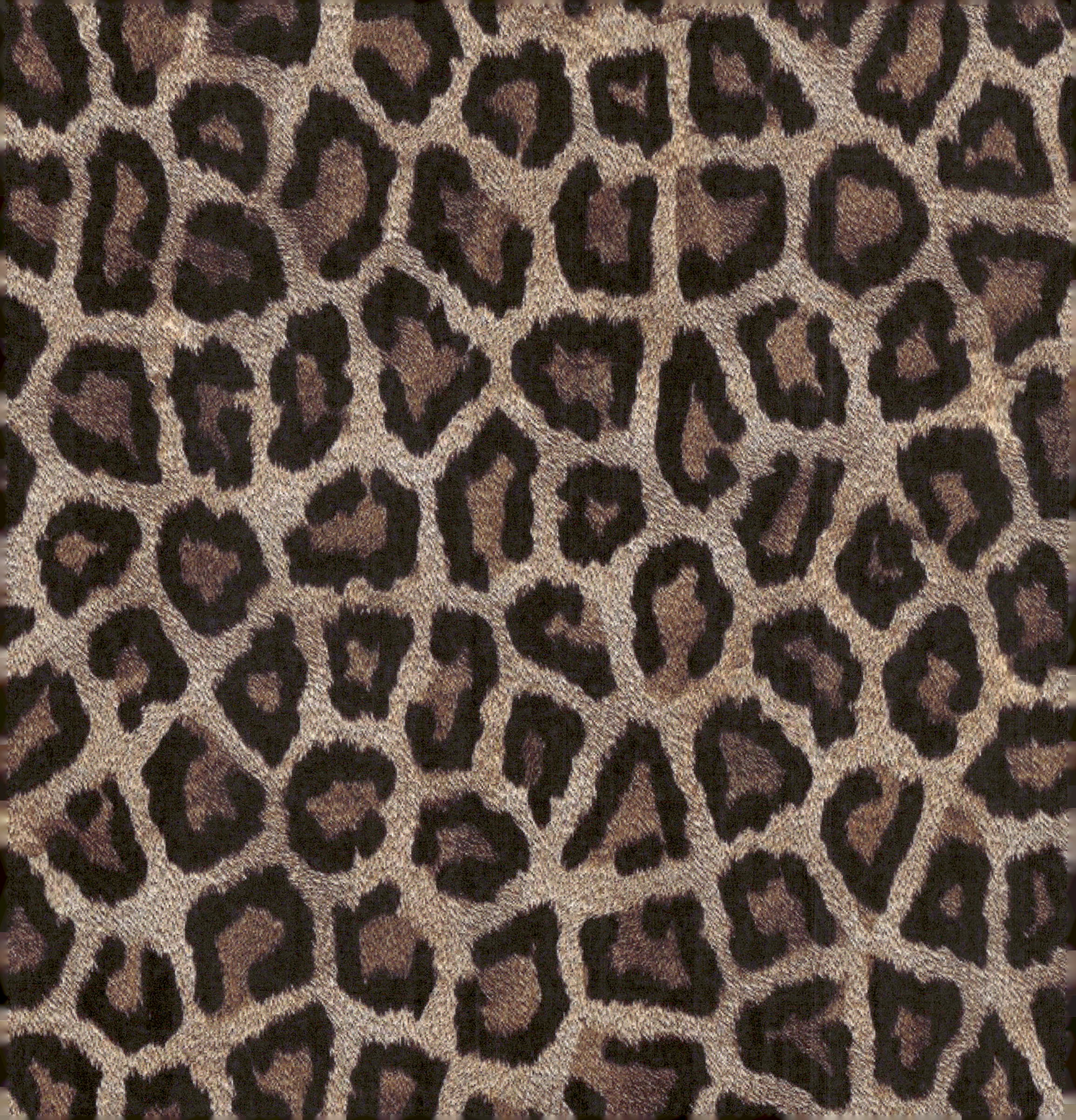

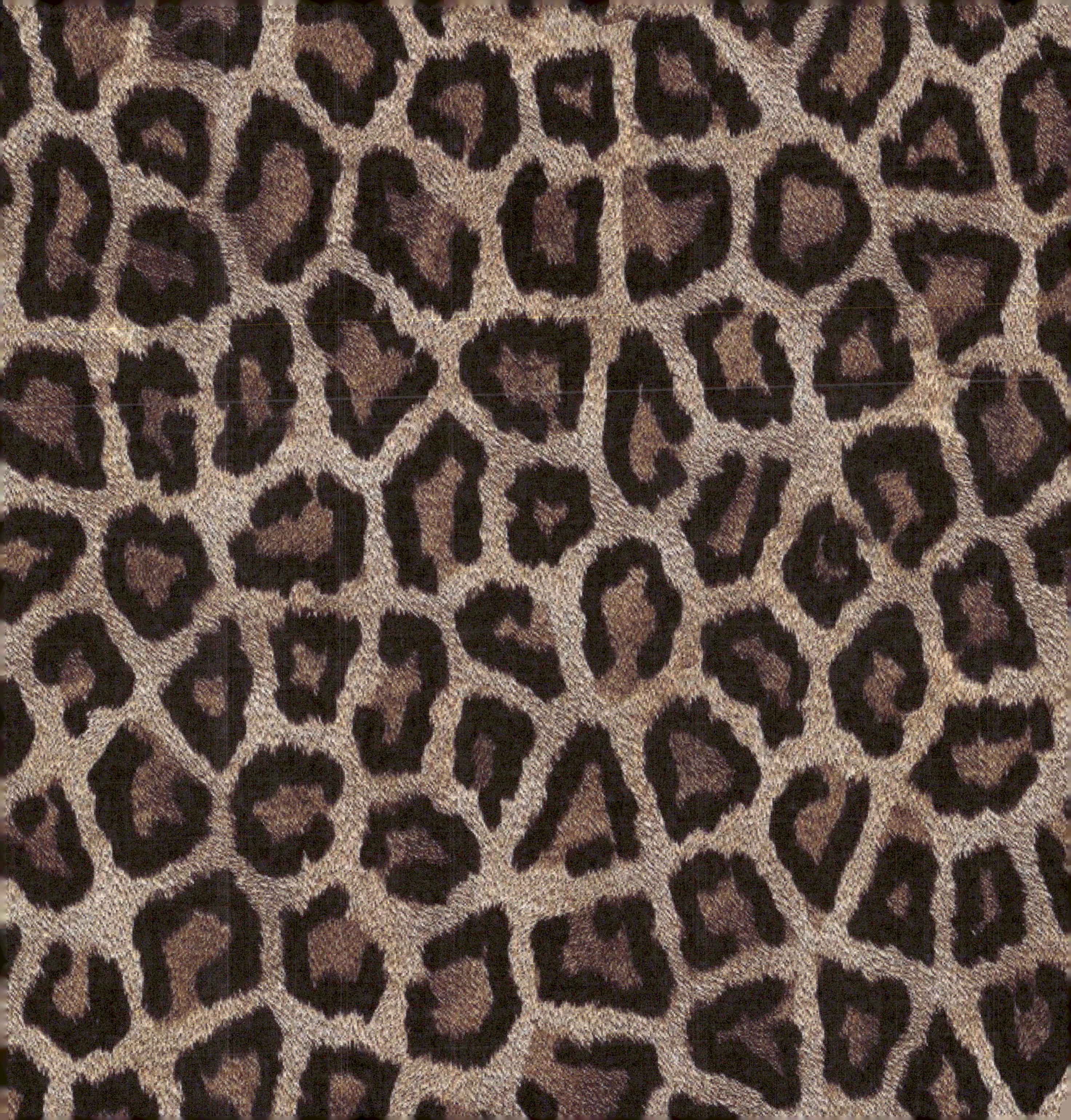

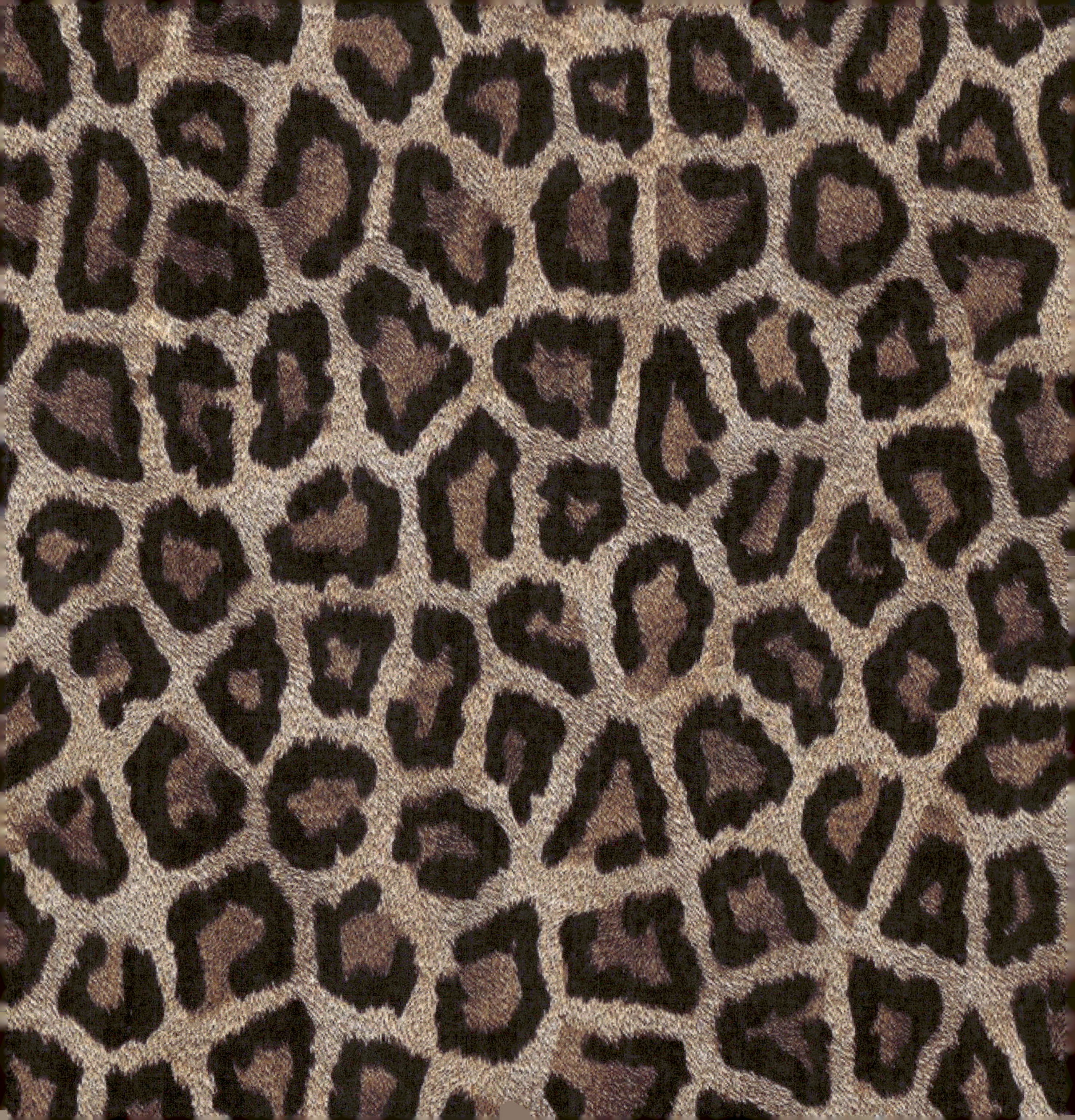

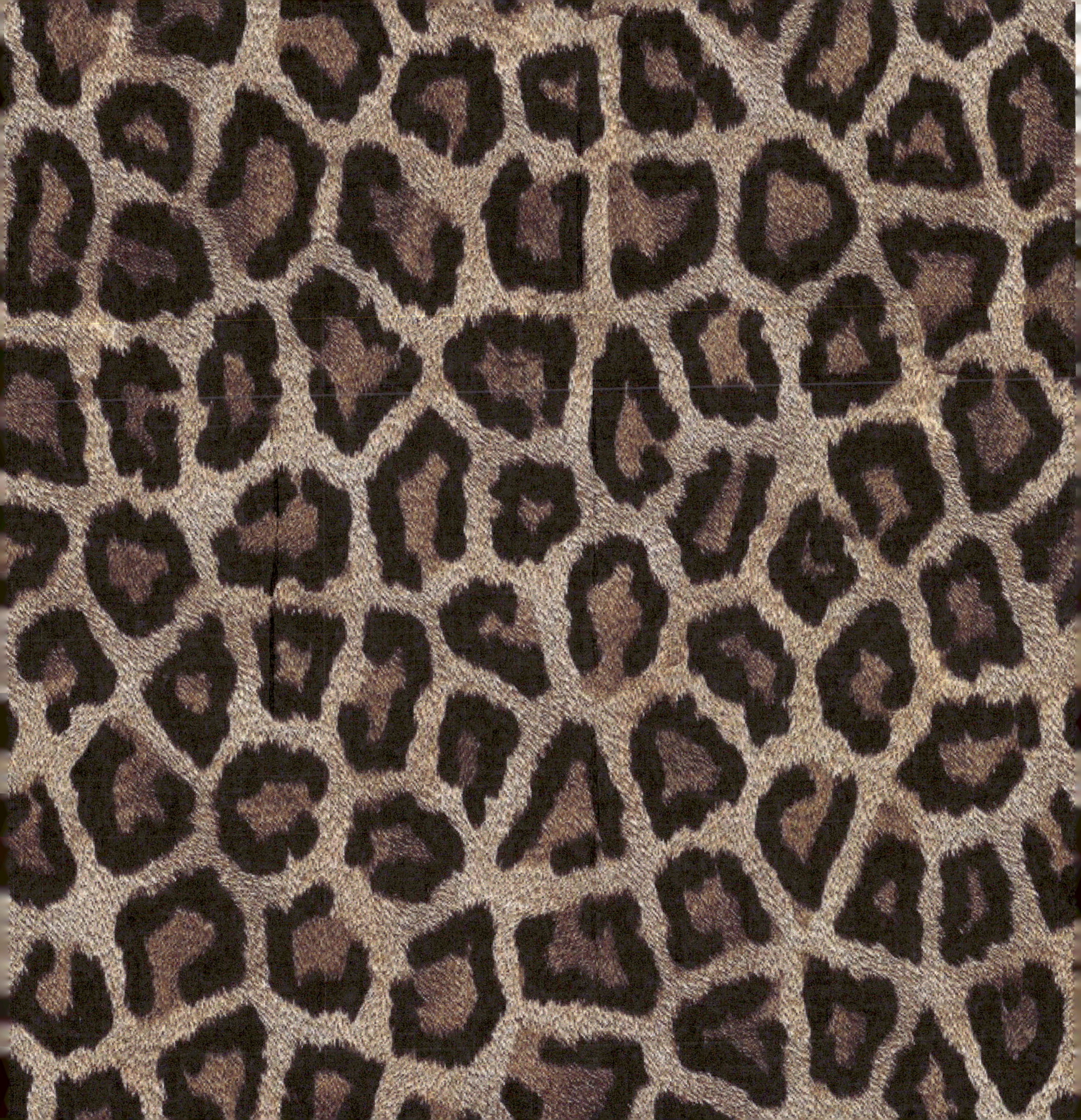

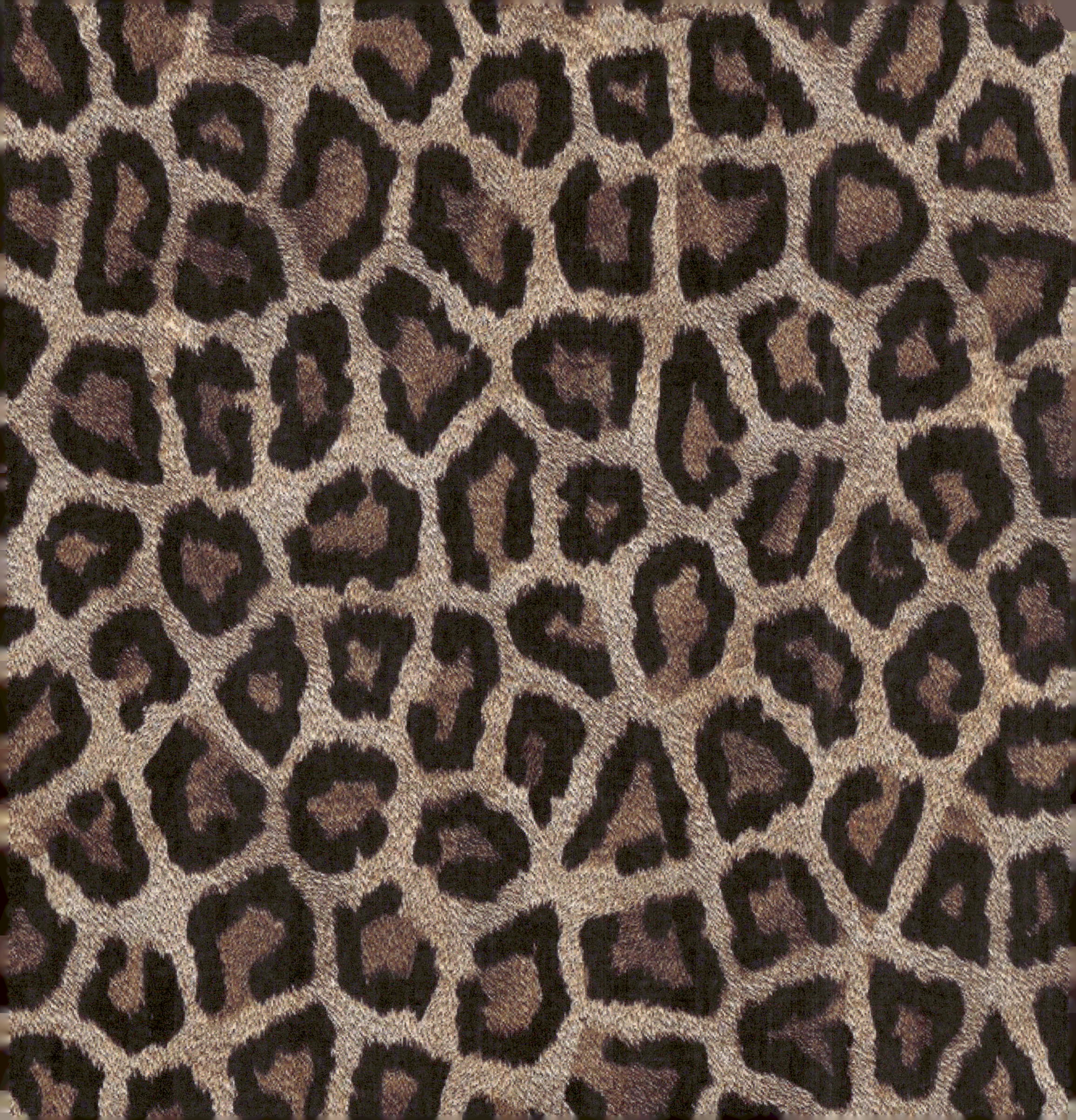

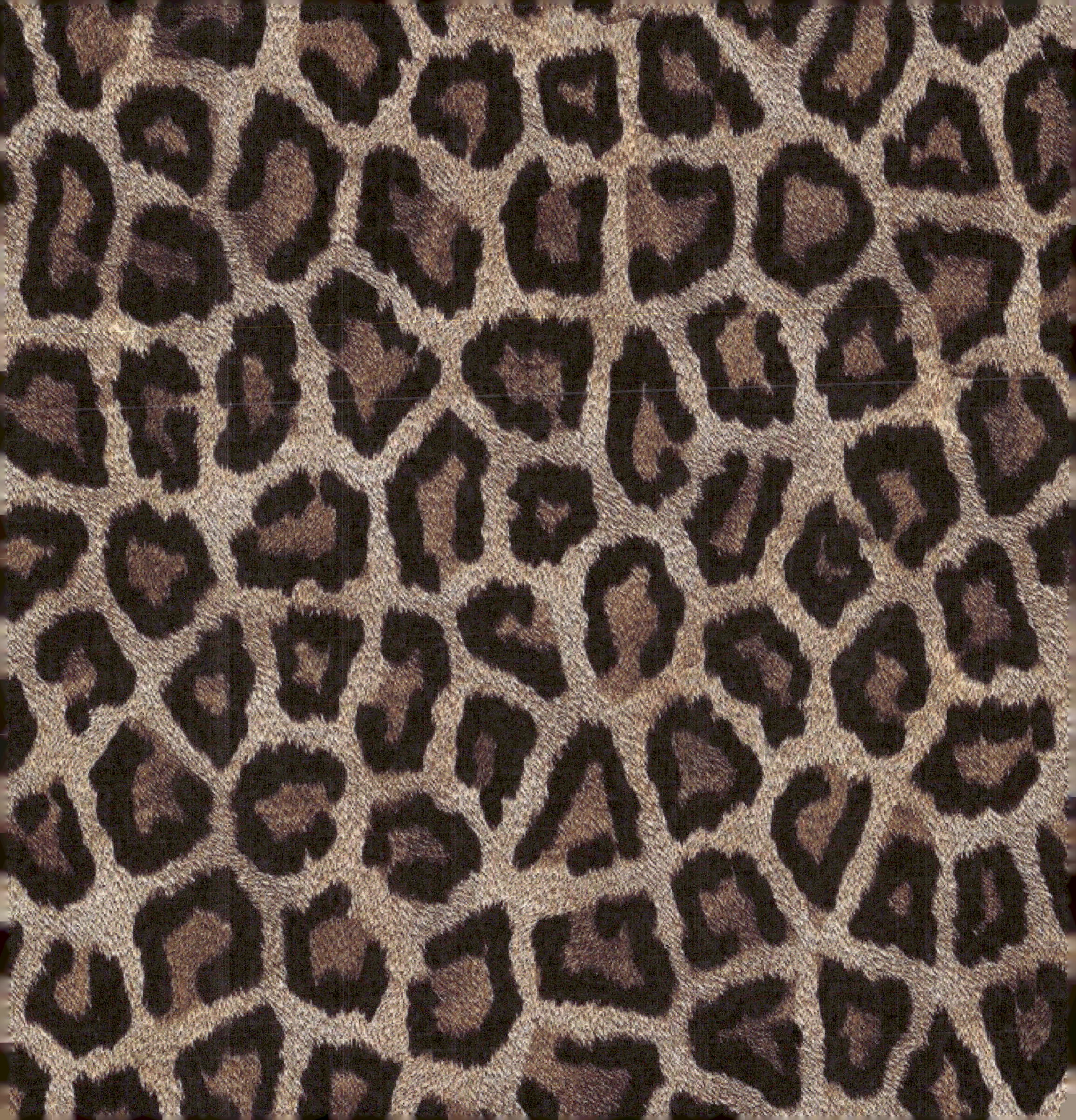

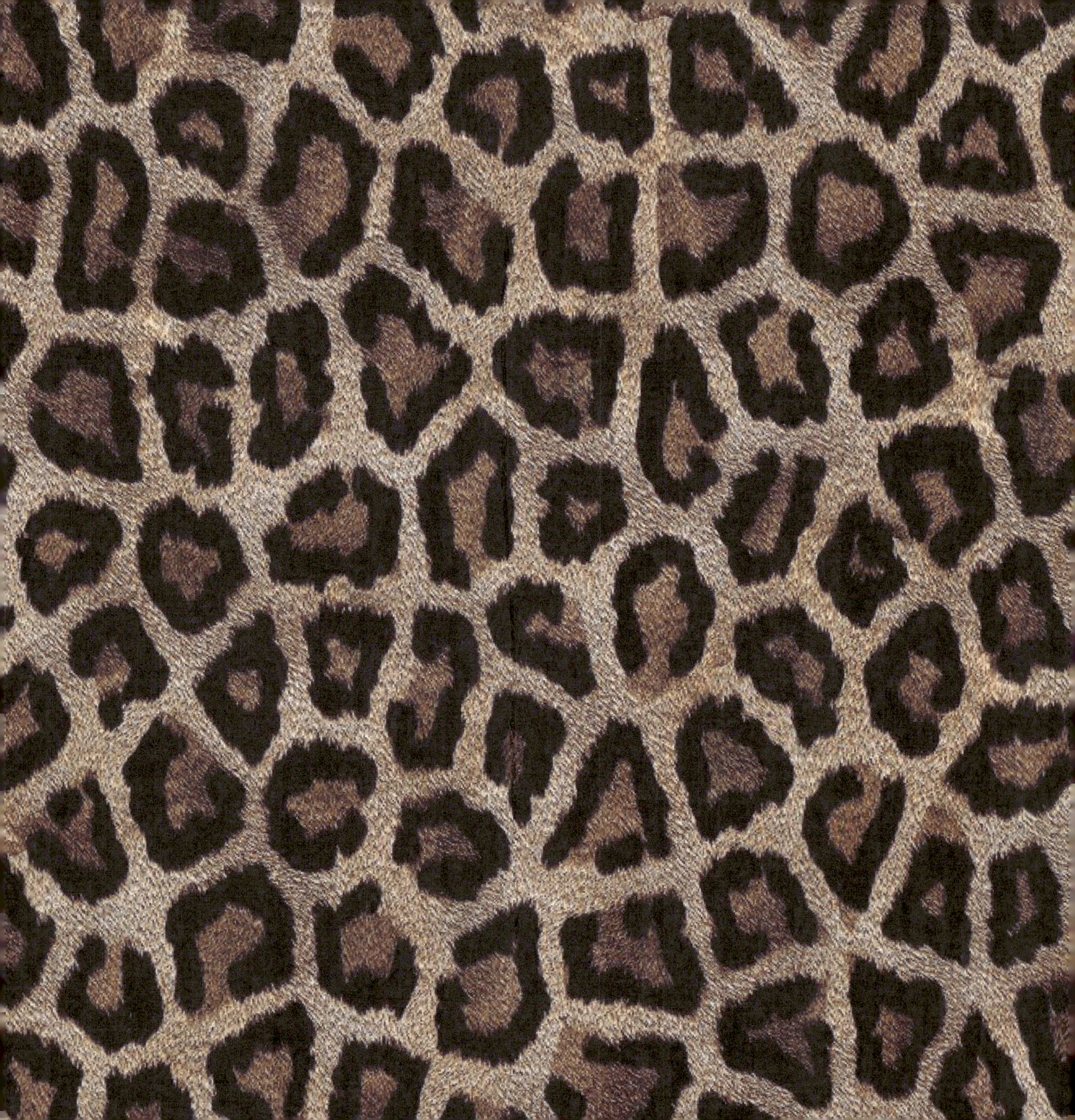

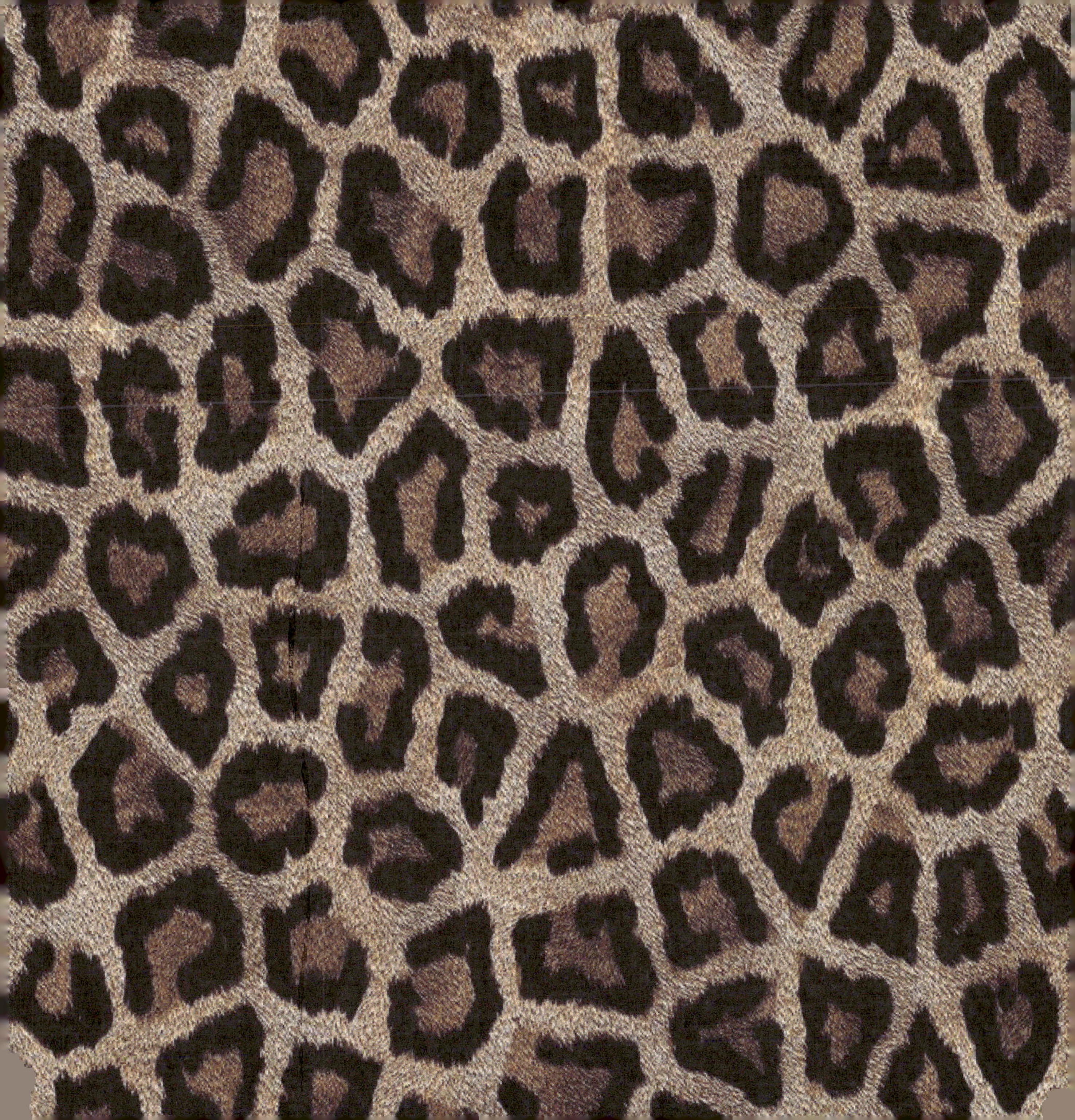

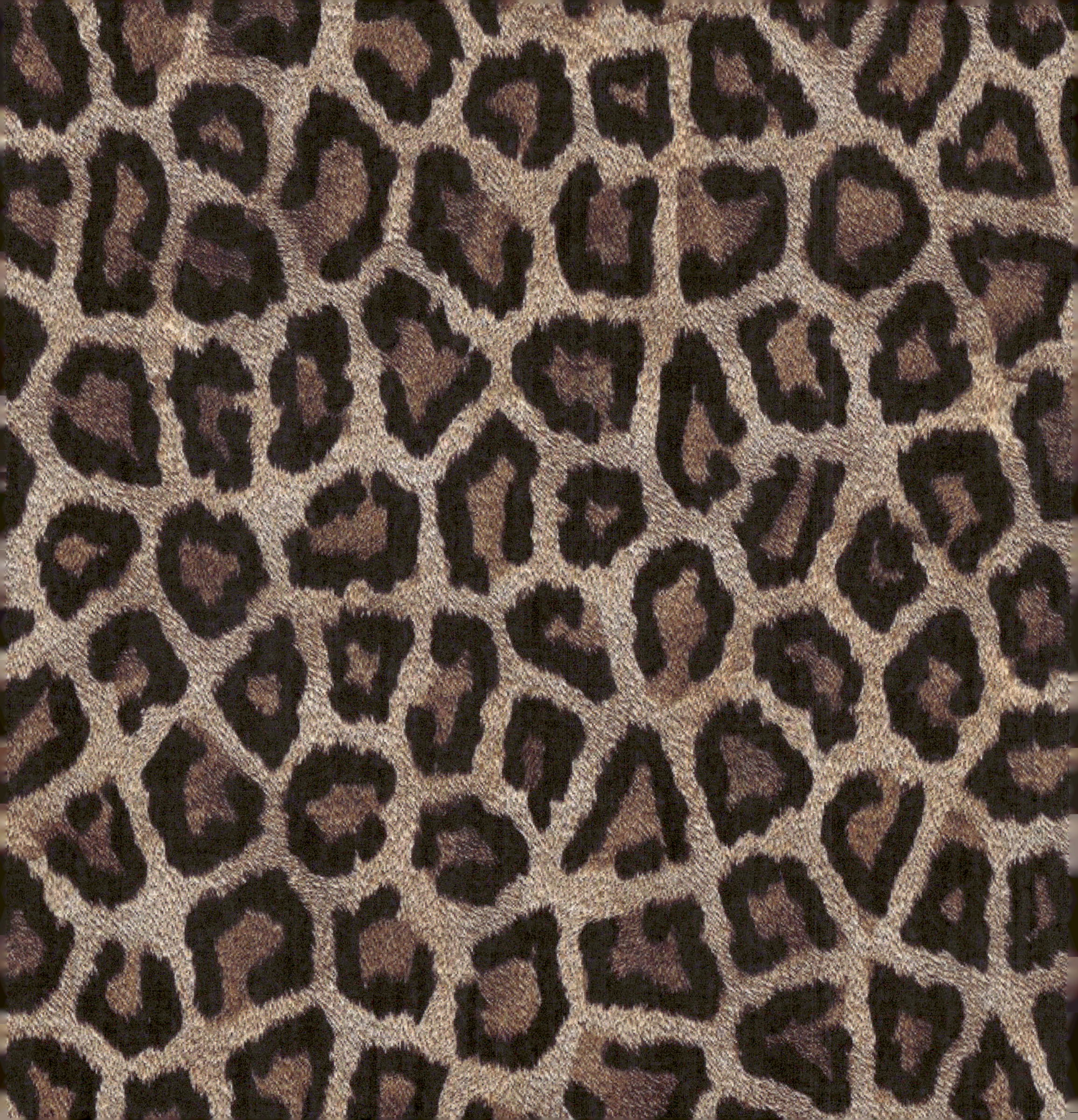

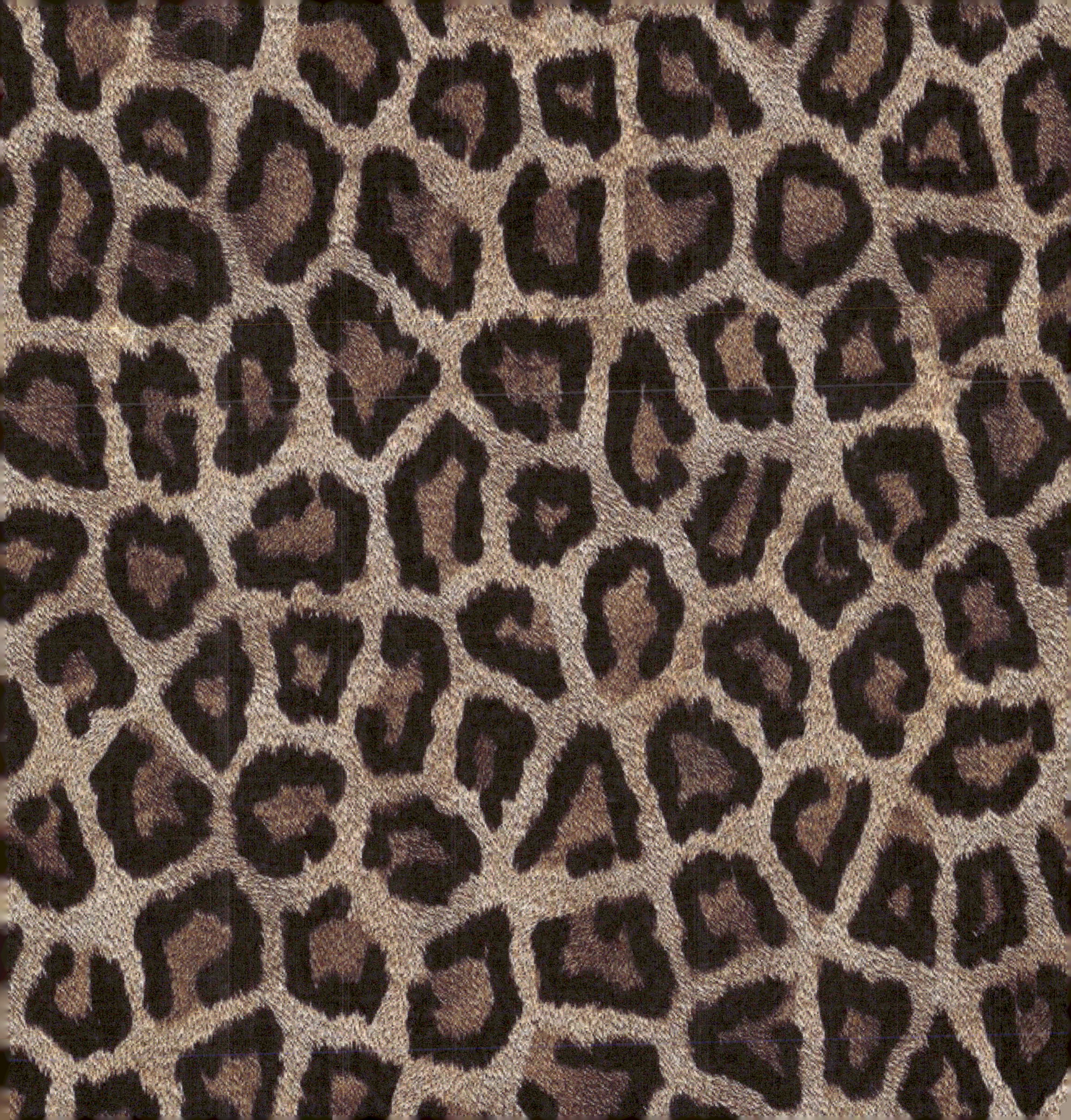

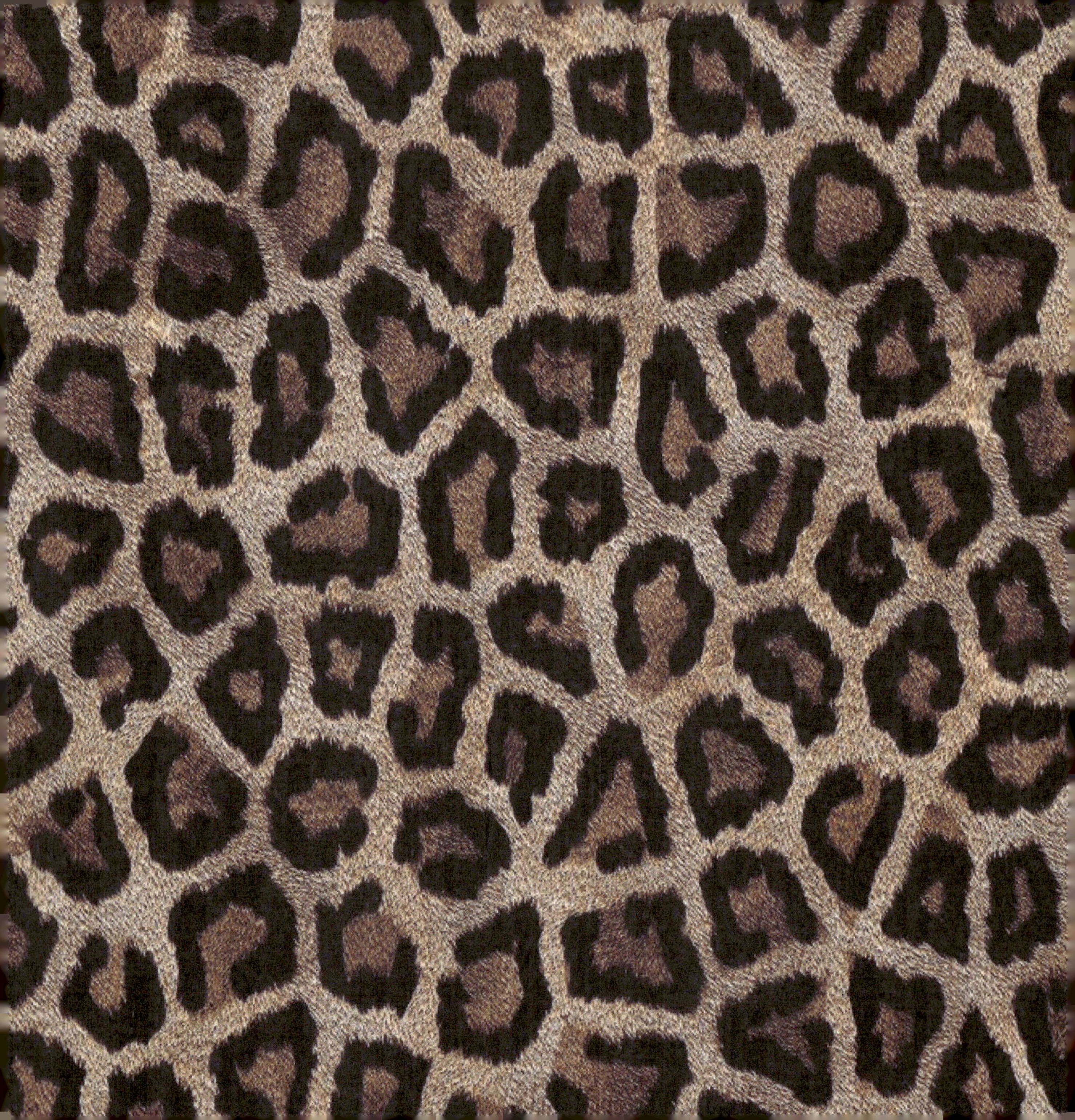

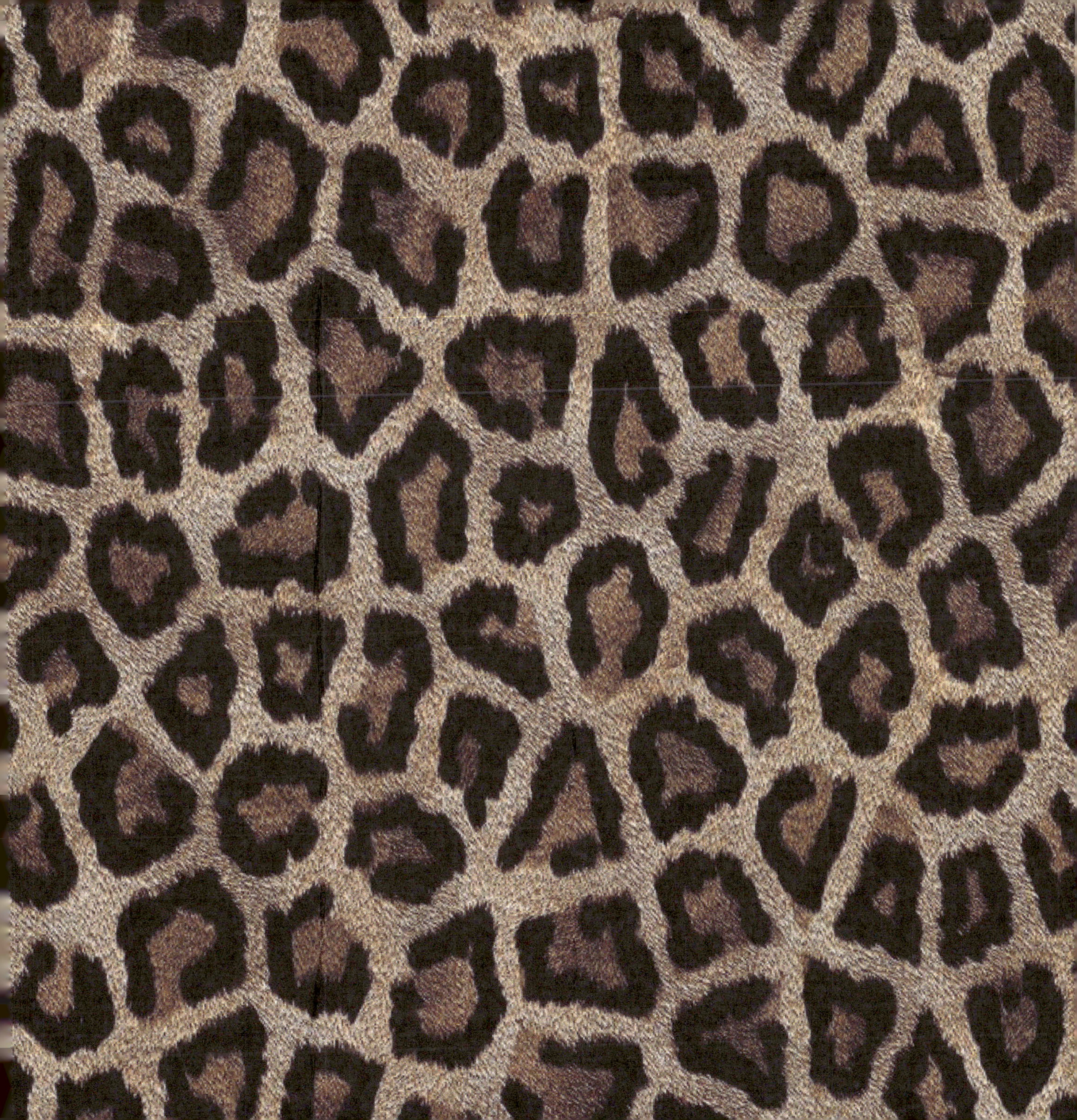

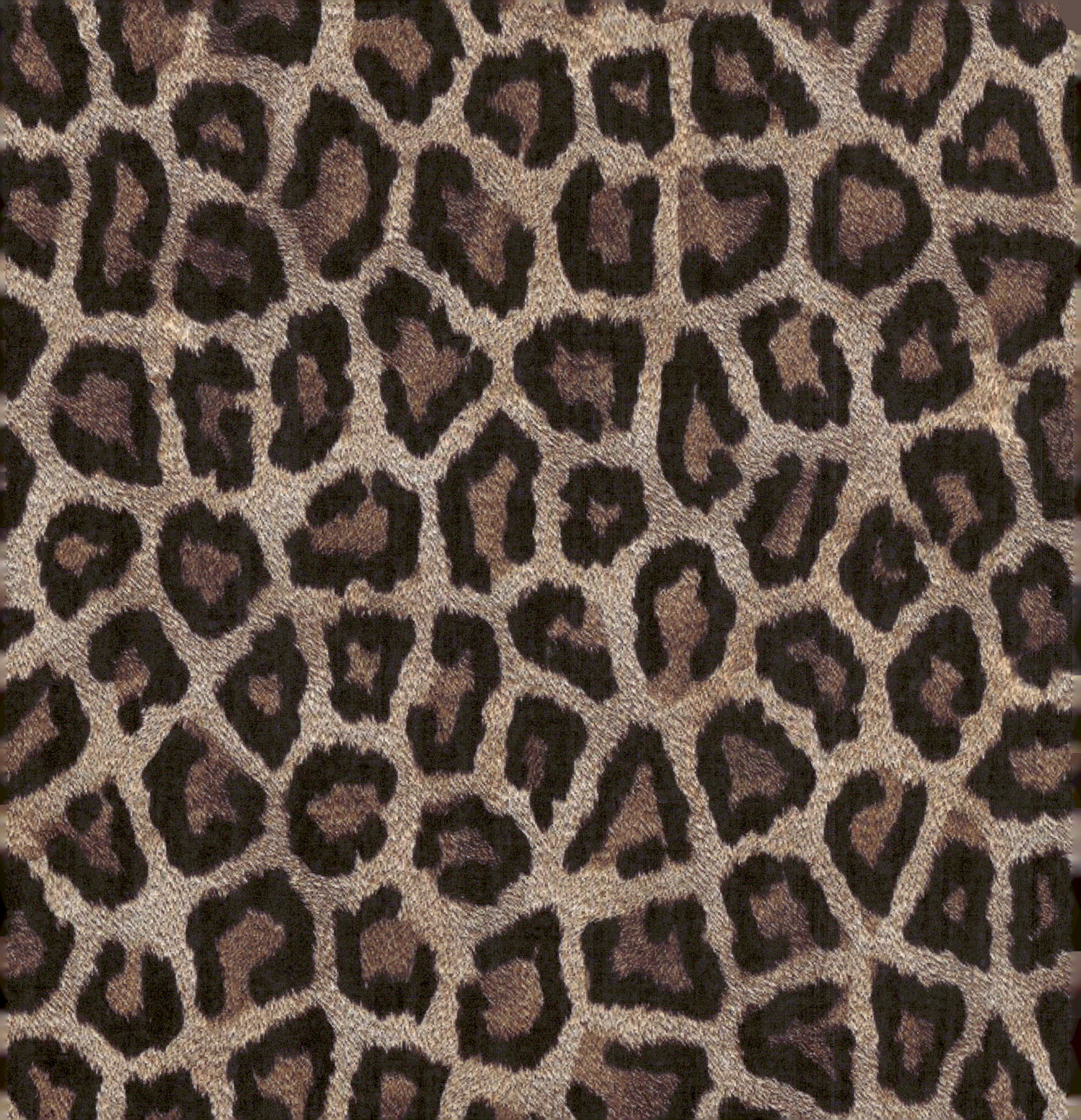

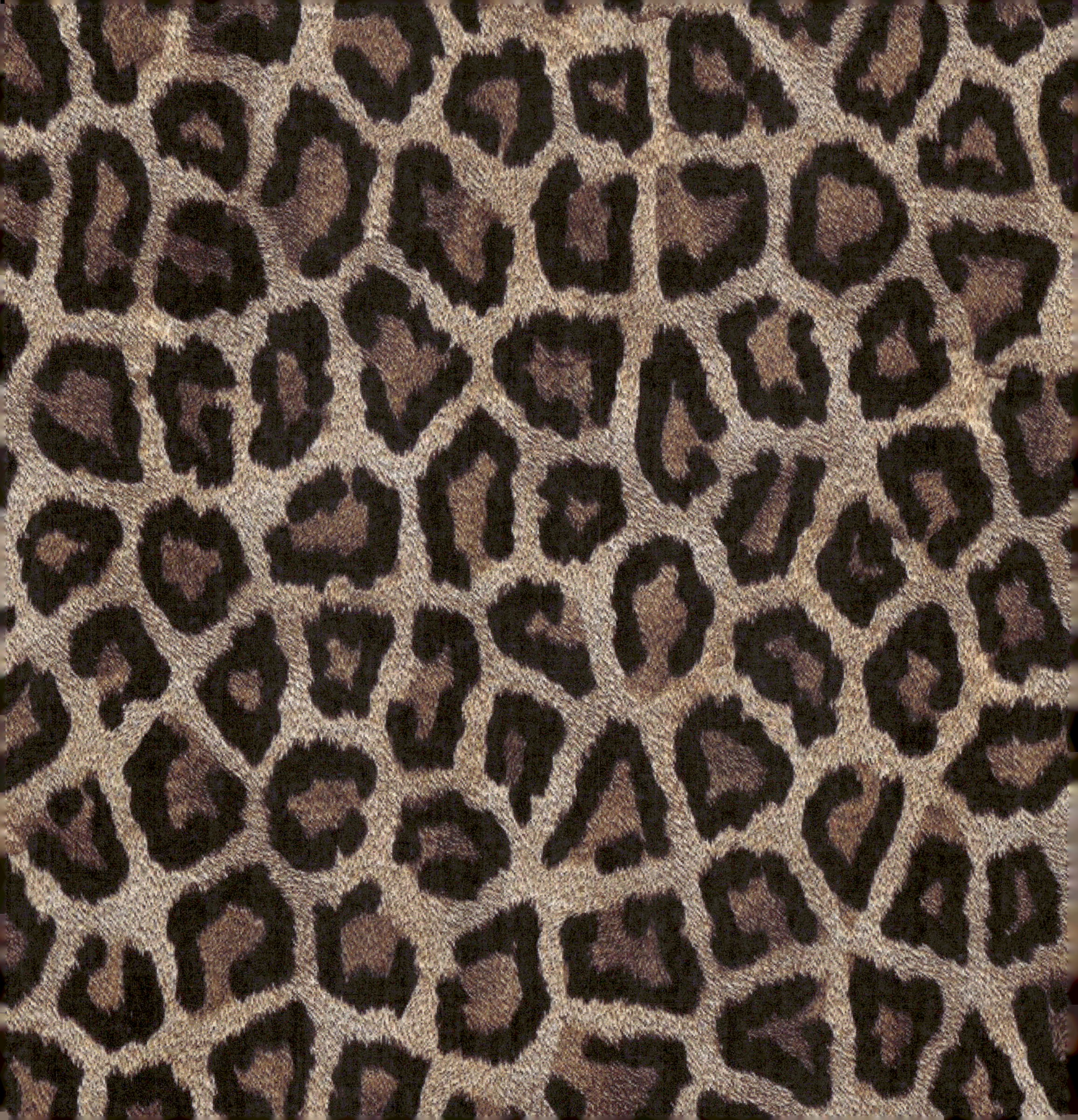

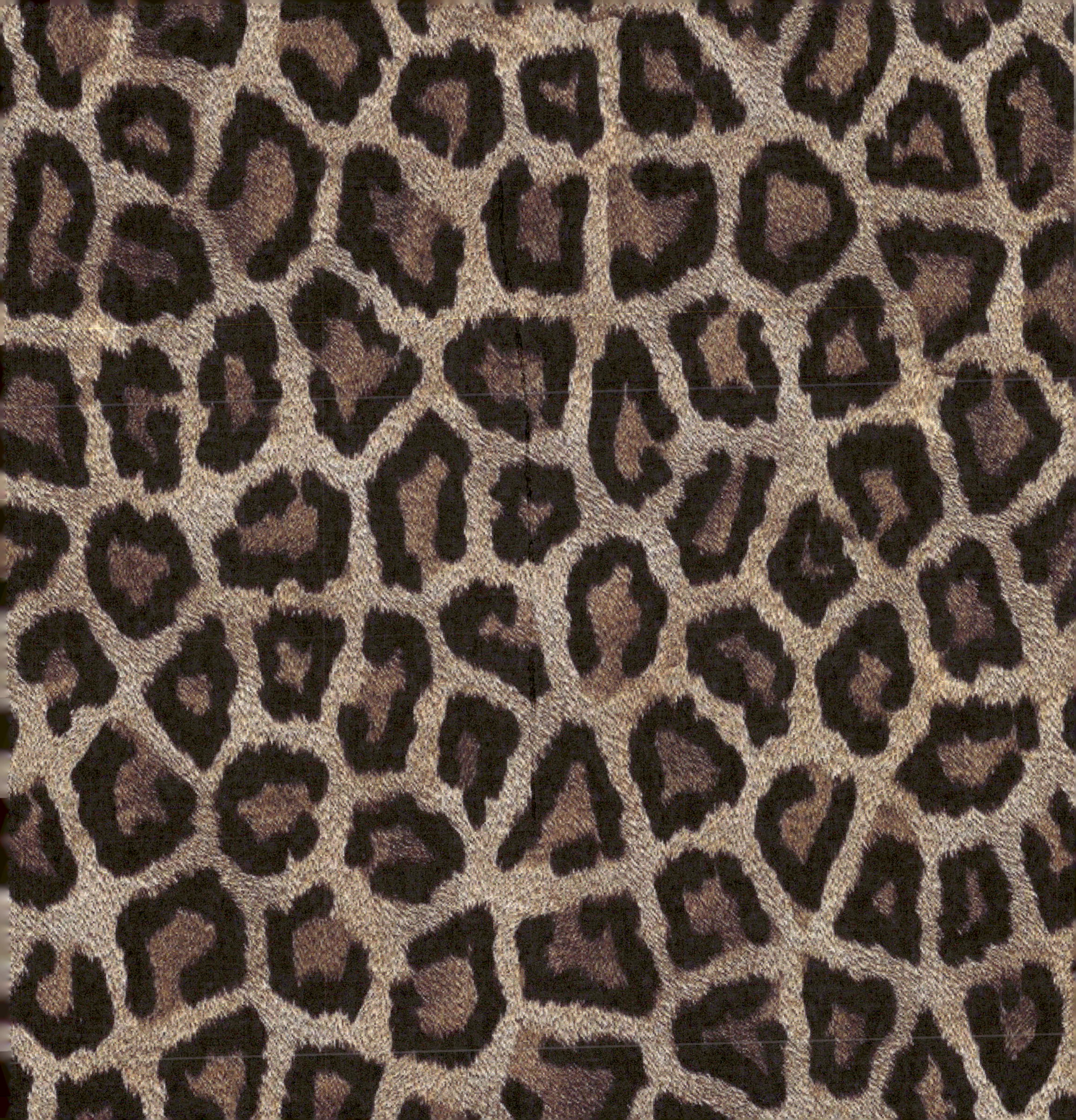

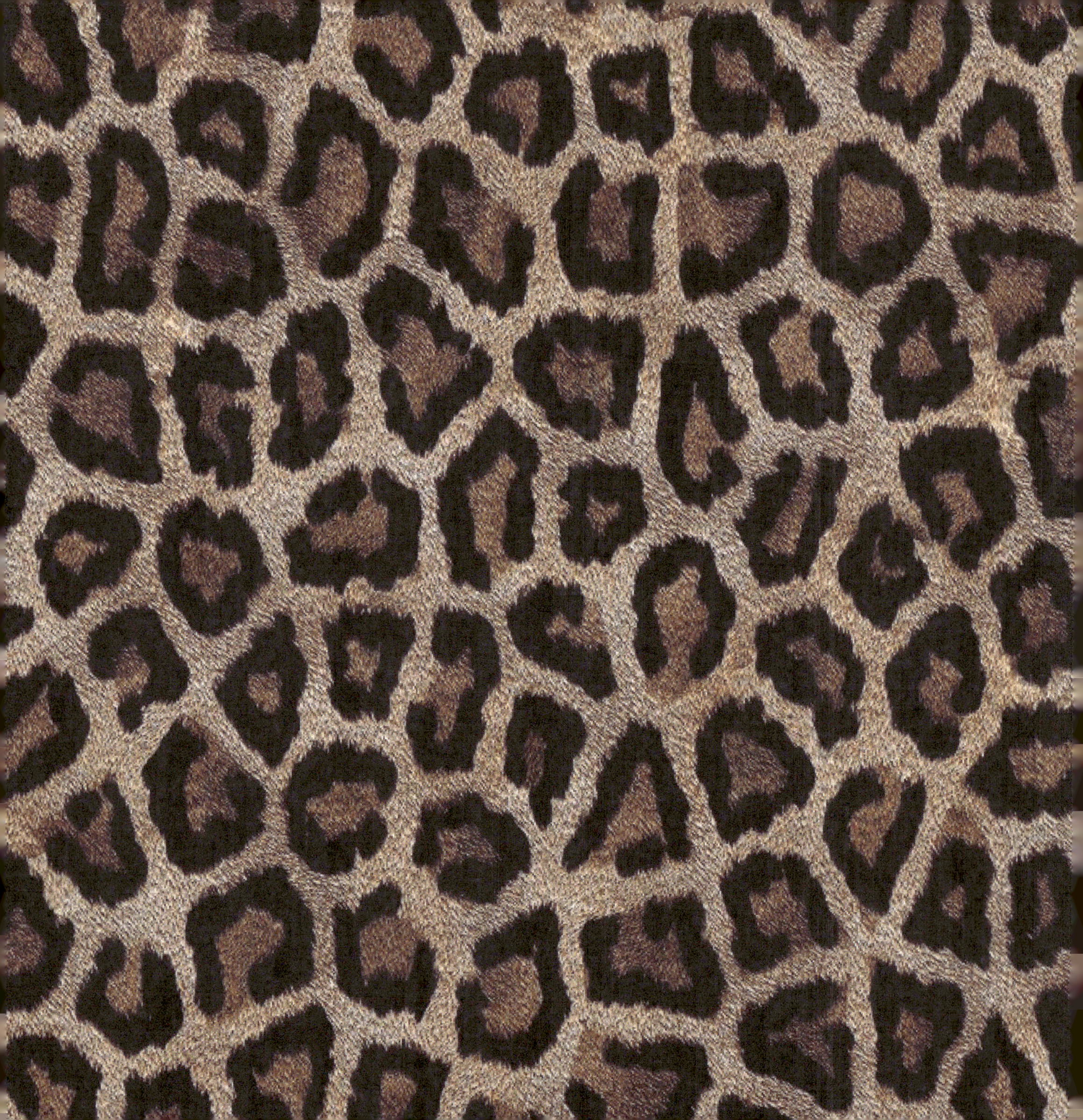

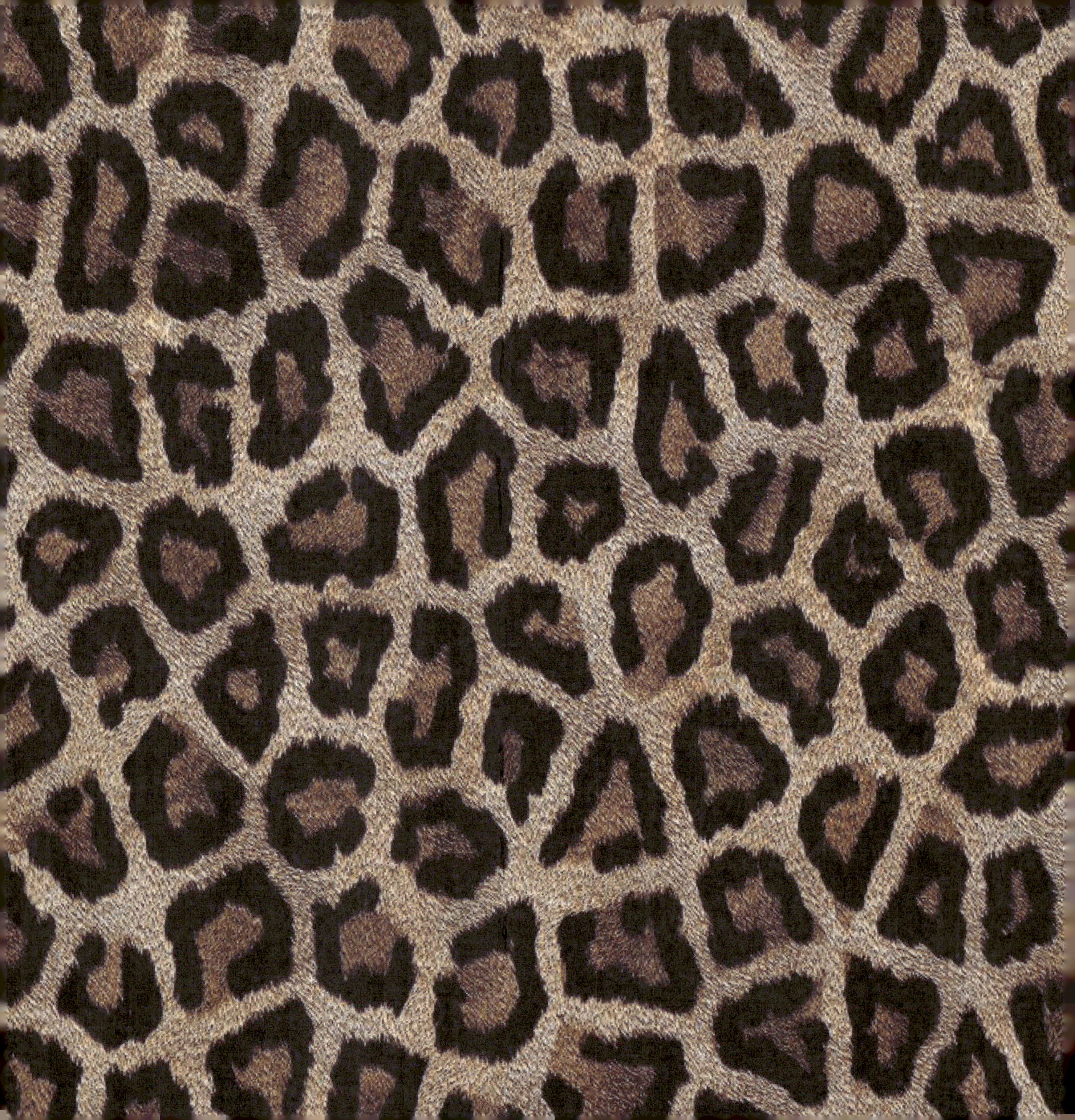

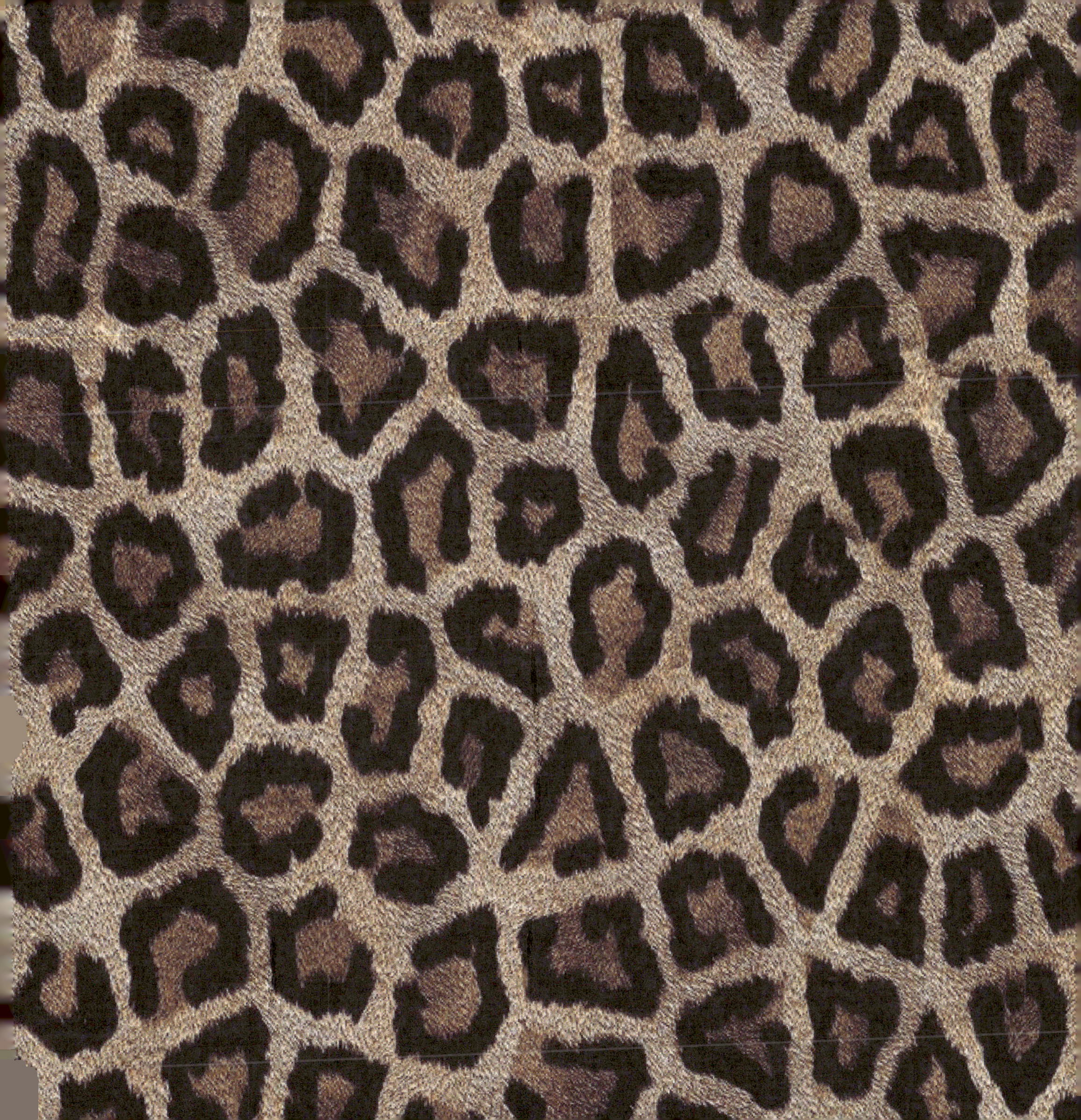

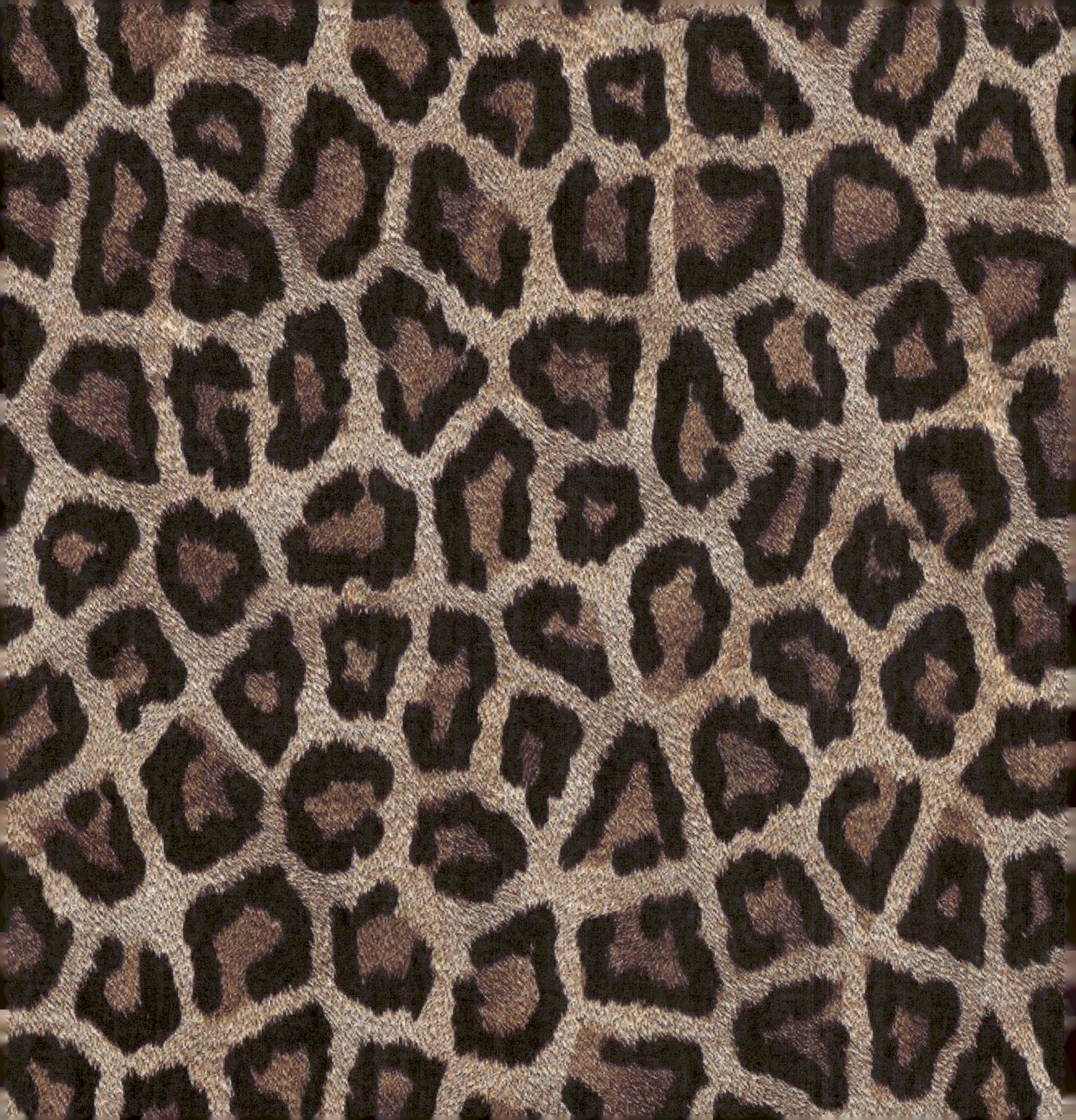

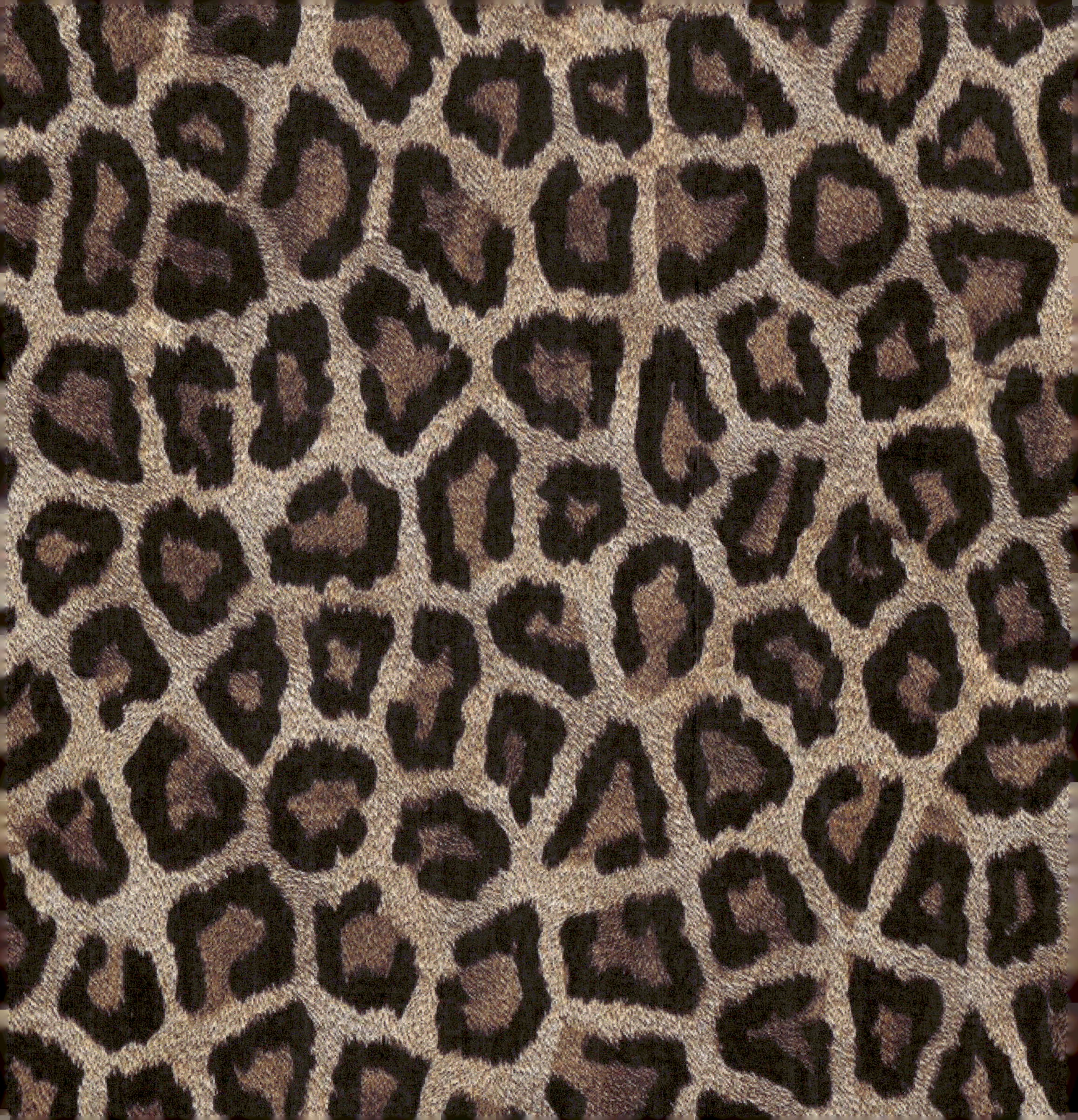

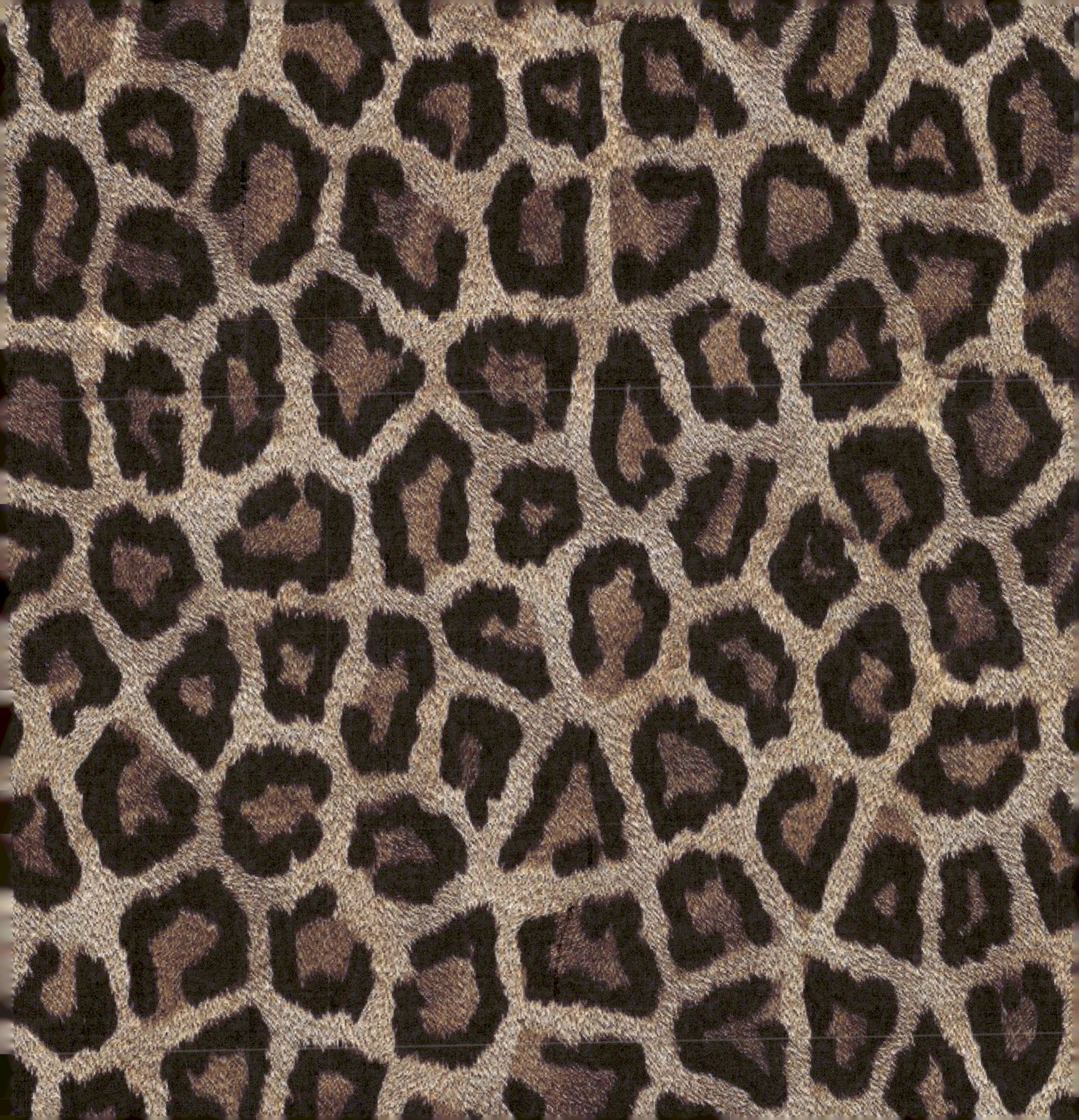

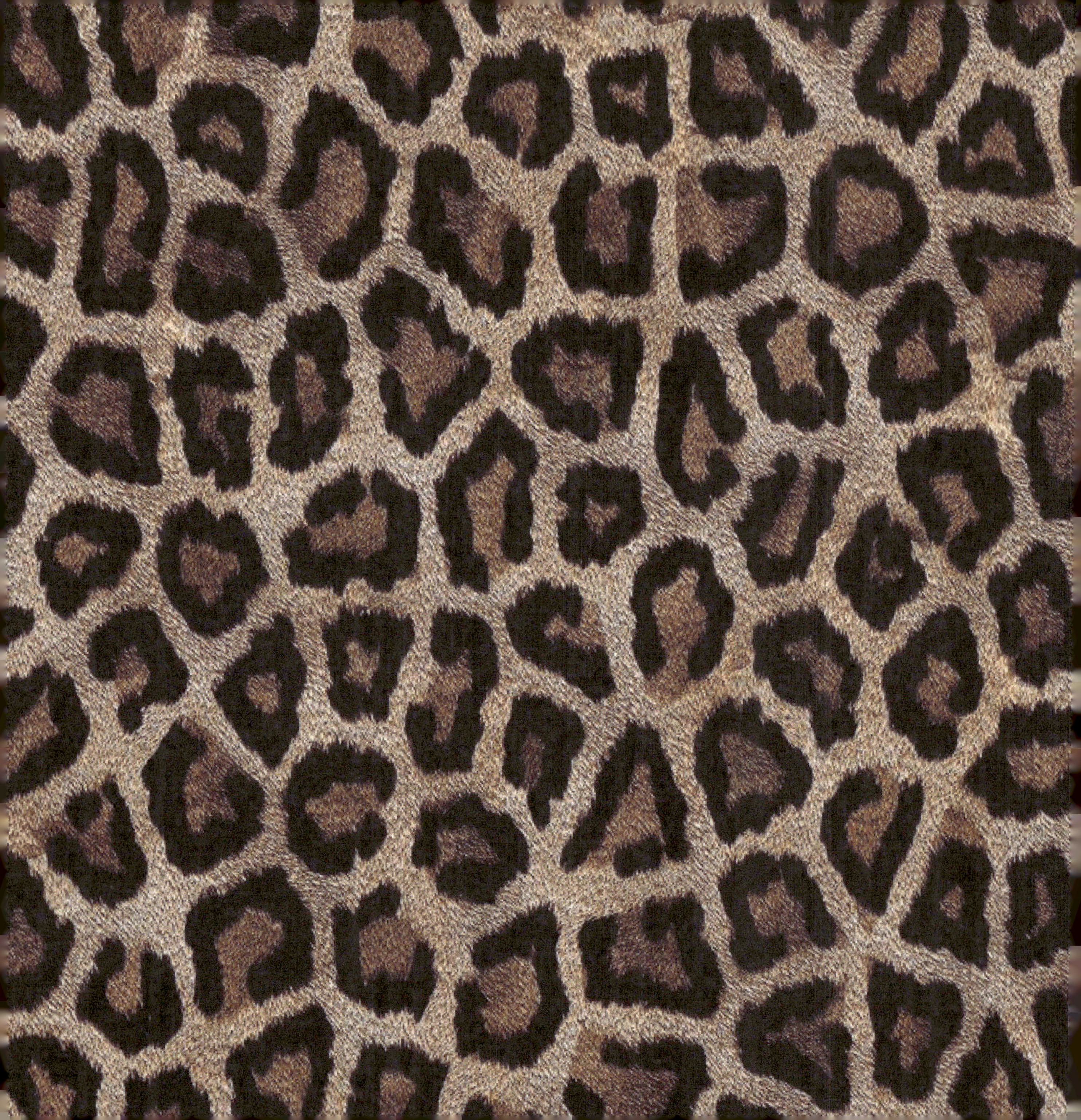